Grands Événements | numéro **26**

UNE BOMBE ATOMIQUE
SUR HIROSHIMA

— 6 août 1945, le jour où tout a basculé

par Maxime Tondeur

50MINUTES

Avec la collaboration de Thomas Jacquemin

HIROSHIMA ET LE DÉBUT DE L'ÂGE NUCLÉAIRE

- **Quand ?** Le 6 août (bombardement atomique de Hiroshima) et le 9 août 1945 (bombardement de Nagasaki).
- **Où ?** À Hiroshima et à Nagasaki (Japon).
- **Contexte ?** La campagne du Pacifique (1941-1945) durant la Seconde Guerre mondiale (1939-1945).
- **Protagonistes ?**
  - Harry Truman (1884-1972), président des États-Unis de 1945 à 1953.
  - Leslie Groves (1896-1970), directeur militaire du projet Manhattan.
  - Robert Oppenheimer (1904-1967), directeur scientifique du projet Manhattan.
  - Kantarō Suzuki (1868-1948), Premier ministre du Japon du 7 avril au 17 août 1945.
  - Hirohito (1901-1989), empereur du Japon de 1926 à sa mort.
- **Répercussions ?**
  - La destruction complète de deux grandes villes japonaises.
  - La reddition du Japon et la fin de la Seconde Guerre mondiale.
  - Le début de la guerre froide et le développement des arsenaux nucléaires.

En 1945, après quatre ans de terribles combats dans l'océan Pacifique, les forces américaines arrivent aux portes du Japon. Épuisé et isolé, l'Empire du soleil levant ne peut plus éviter la défaite. Pourtant, ses troupes continuent le combat et rejettent toute reddition : si les Alliés doivent envahir le Japon, ils obtiendront la paix au prix d'un bain de sang. Mais les Américains décident de forcer Tokyo à capituler en employant une arme nouvelle, récemment mise au point : la bombe atomique.

Une première bombe est lâchée sur Hiroshima le 6 août 1945, puis une autre sur Nagasaki trois jours plus tard. Le succès est total : les deux villes sont rasées par des explosions d'une puissance inédite et les autorités japonaises décident enfin de capituler, mettant ainsi un terme à la Seconde Guerre mondiale. Mais la victoire a un coût élevé en vies humaines : des dizaines de milliers de personnes sont tuées par l'effet de souffle et les incendies, et bien d'autres encore mourront dans les semaines suivantes, victimes des radiations. Le monde entier est stupéfait par l'ampleur des destructions et constate que les États-Unis ont acquis une force exceptionnelle en maîtrisant l'atome. Bientôt, une concurrence technologique éprouvante les opposera à l'Union soviétique, désireuse d'accéder, elle aussi, au rang des puissances nucléaires. Ainsi, en montrant la force destructrice de l'atome, les bombardements de Hiroshima et de Nagasaki ont initié le développement des arsenaux nucléaires et mené à l'éclosion de la guerre froide (1945-1990), dont les conséquences se font sentir encore aujourd'hui.

L'EXPANSION JAPONAISE EN ASIE ORIENTALE (1931-1941)

À la fin du xixe siècle, le Japon impérial profite de l'apport des technologies occidentales pour se moderniser, développer son économie et accroître sa puissance militaire. En battant la Chine et la Russie, il annexe de nouveaux territoires (Taïwan en 1895, la Corée en 1910) et s'impose comme une puissance régionale de premier plan en Asie orientale.

Dans les années trente, l'État se militarise et renforce encore ses troupes. Le manque de matières premières stratégiques dans le pays ainsi qu'un sentiment de supériorité sur les autres peuples poussent Tokyo à se lancer dans une politique impérialiste agressive. En 1931, à la suite d'un faux attentat, l'armée occupe la Mandchourie (Nord-Est de la Chine). Six ans plus tard, elle se lance dans l'invasion du reste du pays. En 1940, profitant des victoires allemandes en Europe, elle occupe la colonie française d'Indochine, puis s'allie avec l'Allemagne et l'Italie. Craignant une domination japonaise en Asie orientale, les gouvernements américain, britannique et néerlandais exigent le retrait des troupes japonaises en Chine et imposent un embargo sur les livraisons de pétrole. La réaction sera brutale : le 7 décembre 1941, ayant réussi à s'approcher d'Hawaii sans être repérés, six porte-avions japonais lancent leurs appareils à l'attaque du port militaire de Pearl Harbor. Prises par surprise, les forces américaines perdent plus de 2 000 hommes et une partie de leur flotte à quai. Dans la lignée de ce succès, les troupes impériales envahissent et occupent les colonies et protectorats du Royaume-Uni (Malaisie, Singapour,

Birmanie et Hong Kong), des Pays-Bas (Indonésie) et des États-Unis (Philippines) en Asie, ainsi que plusieurs îles stratégiques dans le Pacifique.

LA GUERRE DU PACIFIQUE ET L'ISOLEMENT DU JAPON (1941-1945)

Dans l'immensité de l'océan Pacifique vient de débuter en décembre 1941 un conflit d'un genre nouveau, dans lequel les forces aéronavales et surtout les porte-avions avec leurs appareils embarqués joueront un rôle déterminant. Les militaires nippons sont conscients de la supériorité du potentiel industriel américain : ils savent que le temps joue contre eux et espèrent obtenir la paix par une victoire décisive. Si la qualité de la préparation militaire du Japon, la combativité de ses troupes et l'effet de surprise lui permettent tout d'abord de remporter d'importantes victoires, les États-Unis sortent rapidement de leur torpeur et infligent deux cuisantes défaites à la marine impériale lors des batailles de la mer de Corail (4-8 mai 1942) et de Midway (4-7 juin 1942). Déjà très affaiblie, impuissante à remplacer ses pertes, la flotte japonaise perdra définitivement sa capacité offensive après les désastres de la mer des Philippines (19-20 juin 1944) et du golfe de Leyte, où a lieu la plus grande bataille aéronavale de l'histoire (23-27 octobre 1944).

En parallèle aux opérations sur mer, les Américains doivent reconquérir une à une les îles occupées par les Japonais dans le Pacifique, livrant de terribles combats dans des conditions souvent difficiles (jungles tropicales, montagnes), contre un ennemi qui préfère la mort à la reddition. À Guadalcanal (août 1942-février 1943), Iwo Jima (février-mars 1945) et Okinawa (avril-juin 1945), entre autres, les troupes nippones exploitent le relief et les grottes, se dissimulent dans des abris souterrains pour surprendre l'ennemi et maximiser ses pertes. Ils lancent aussi des attaques suicidaires – accompagnées du fameux cri « Banzaï » – et usent de pièges en tous genres. L'esprit de sacrifice japonais semble sans limite. À Saipan (juin-juillet 1944), les Américains sont horrifiés par les suicides massifs de soldats et de civils qui se jettent du haut des falaises. La même année, ils voient l'apparition d'unités spéciales, dites kamikazes, qui précipitent leurs avions sur les navires ennemis.

Malgré tout, les Américains sont victorieux et se rapprochent du Japon. Au départ des îles conquises, leurs bombardiers attaquent les villes ennemies dès juin 1944. Dans le même temps, les forces alliées repoussent les troupes nippones en Birmanie et en Papouasie-Nouvelle-Guinée. Les combats, le blocus et les bombardements ont épuisé l'empire ; sa défaite est inévitable, mais il continue d'opposer une résistance désespérée. En 1945, les Américains doivent donc se préparer à envahir le Japon pour mettre fin à la guerre. Cette perspective inquiète les stratèges alliés, qui pensent que l'ennemi défendra son sol avec acharnement, en profitant de l'appui actif d'une population fanatisée. Les estimations des pertes sont effrayantes : elles varient de 100 000 à plus d'un million de victimes pour l'armée américaine ; jusqu'à dix millions pour la population japonaise. Il est clair que la conquête du Japon se fera dans le sang. Pour l'éviter, les autorités américaines vont miser sur une arme nouvelle : la bombe atomique.

ACTEURS PRINCIPAUX

HARRY TRUMAN, PRÉSIDENT DES ÉTATS-UNIS

Né en 1884 dans une petite ville du Missouri, Harry Truman sera le dernier président des États-Unis à ne pas avoir de diplôme universitaire. Après avoir enchaîné plusieurs emplois, il s'engage dans l'armée et combat en France en 1918. Après la guerre, il connaît des déboires professionnels qui le convainquent de se tourner vers la politique. Élu sénateur du Missouri en 1934, il se fait connaître quelques années plus tard en présidant un comité chargé d'enquêter sur certains abus commis au sein de l'armée.

En janvier 1945, Franklin Roosevelt (1882-1945) entame son quatrième mandat à la tête des États-Unis et est secondé par Truman, son vice-président. Trois mois plus tard, après la mort de Roosevelt, celui-ci lui succède à la tête du pays et prend part à la conférence de Potsdam (juillet-août 1945) qui doit décider du sort de l'Allemagne vaincue et des pays occupés. Lorsqu'il donne son accord pour l'utilisation de la bombe atomique, Truman ne connaît l'existence du projet Manhattan que depuis peu de temps.

Confronté au commencement de la guerre froide, il adopte une attitude ferme pour freiner l'expansion du communisme dans le monde. Élu président en 1948, il soutient la création de l'OTAN (Organisation du traité de l'Atlantique Nord) en 1949 et engage les États-Unis dans la guerre de Corée (1950-1953) l'année suivante. Devenu impopulaire, il perd l'élection de 1952 et se retire de la vie politique. Il meurt d'une pneumonie en 1972.

LESLIE GROVES, DIRECTEUR MILITAIRE DU PROJET MANHATTAN

Né à Albany (État de New York) en 1896, Leslie Groves est diplômé de la prestigieuse académie militaire de West Point en 1918. Devenu major dans le Génie, il contribue à la direction des travaux de construction du Pentagone, l'immense siège du département de la Défense.

En 1941, il devient directeur militaire du projet Manhattan et supervise l'ensemble du personnel engagé dans le programme de recherche. En 1945, le choix des cibles pour les bombardements atomiques est réalisé sous sa responsabilité. Après la guerre, sa carrière stagne et il décide de quitter l'armée après avoir obtenu le grade de lieutenant général. Il meurt d'une crise cardiaque en 1970.

ROBERT OPPENHEIMER, DIRECTEUR SCIENTIFIQUE DU PROJET MANHATTAN

Celui que l'on appelle le père de la bombe atomique est né en 1904 à New York. Après des études à Harvard, Robert Oppenheimer mène des recherches en physique et en chimie aux États-Unis, au Royaume-Uni et en Allemagne. Versé dans la physique nucléaire, il participe activement aux premiers travaux américains de conception d'une bombe à uranium.

Nommé directeur scientifique du projet Manhattan en 1943, il encadre les recherches avec efficacité. Le 16 juillet 1945, face à l'explosion de la première bombe atomique, il s'exclame : « Maintenant, je suis devenu la Mort, le destructeur des mondes. » (POOLOS (Jamie), *The Atomic Bombings of Hiroshima and Nagasaki*, New York, Chelsea House, 2008, p. 88) Tourmenté par sa responsabilité dans la création de la bombe, il se retire du projet en 1945 et travaille ensuite pour la Commission de l'énergie atomique. Ceci l'amène à participer, notamment, au développement de la bombe H (bombe à hydrogène). Soupçonné d'être un activiste de gauche, Oppenheimer se voit retirer son emploi en 1954 et se lance dans d'autres recherches. Il décède d'un cancer en 1967.

KANTARŌ SUZUKI, PREMIER MINISTRE DU JAPON

Né à Kube (Japon) en 1868, Kantarō Suzuki est diplômé de l'Académie navale impériale en 1887. Il commande plusieurs navires de guerre lors des conflits contre la Chine (1894-1895) et la Russie (1904-1905). Vice-Premier ministre (1914-1917) puis chef d'état-major de la marine (1925-1929), il prend sa retraite en 1929, mais est rappelé en 1945, à l'âge de 77 ans, pour prendre la place du Premier ministre démissionnaire. Suzuki souhaite mettre fin à la guerre, mais il refuse les conditions imposées par les Alliés, d'autant plus que les militaires tiennent à poursuivre le combat. Après les bombardements de Hiroshima et de Nagasaki, avec l'accord de l'empereur, il mène les négociations qui aboutissent à la capitulation du Japon. Il démissionne après l'annonce de la reddition et décède en 1948.

HIROHITO, EMPEREUR DU JAPON

Né en 1901 à Tokyo, le prince Hirohito devient régent du Japon en 1921, puis empereur cinq ans plus tard, à la mort de son père. Chef théorique du gouvernement, l'empereur a une attitude ambiguë pendant la guerre : s'il s'oppose parfois à la mainmise des militaires sur les affaires du pays, il n'en approuve pas moins certaines de leurs actions les plus discutables et tolère leurs crimes de guerre. La question de sa responsabilité dans l'expansion agressive du Japon fait encore débat aujourd'hui. En 1945, son intervention est déterminante dans le processus qui mène à la capitulation. Après la guerre, dans le cadre de la démocratisation de l'État, il doit renoncer à son statut divin et accepter la nouvelle constitution qui lui ôte tout pouvoir politique. Il conserve tout de même un pouvoir symbolique jusqu'à sa mort en 1989.

LES BOMBARDEMENTS ATOMIQUES DE HIROSHIMA ET DE NAGASAKI

UNE NOUVELLE ARME POUR METTRE FIN À LA GUERRE

La bombe atomique, récemment mise au point, est le fruit d'un effort de recherche aux dimensions exceptionnelles. Le programme nucléaire américain, nommé projet Manhattan, a été lancé en 1941 en réaction aux avertissements des chercheurs britanniques et de plusieurs physiciens, dont Albert Einstein (1879-1955). Sous la direction militaire du colonel Leslie Groves et la supervision scientifique du physicien Robert Oppenheimer, le projet a employé plus de 120 000 personnes et nécessité la construction d'installations complexes pour expérimenter des réactions en chaîne contrôlées et produire de l'uranium enrichi ainsi que du plutonium. Le projet a coûté la bagatelle de deux milliards de dollars, mais les résultats sont à la hauteur de l'investissement : en quatre ans, les scientifiques américains sont parvenus à maîtriser la fission nucléaire – découverte en 1939 seulement – et à concevoir une arme d'une puissance inégalée. Le premier test a lieu le 16 juillet 1945 dans le désert d'Alamogordo, dans le Nouveau-Mexique. Face aux effets destructeurs de la première explosion atomique de l'histoire, les réactions des observateurs oscillent entre l'enthousiasme et l'effroi. Le physicien Kenneth Bainbridge (1904-1996), directeur de l'essai, s'exclame : « Maintenant, nous sommes tous des fils de putes. » (VALLAUD (Pierre), *La Seconde Guerre mondiale*, Paris, Acropole, 2002, p. 564)

LA FISSION NUCLÉAIRE

L'atome est l'une des plus petites unités de matière. Il est composé d'un noyau (protons et neutrons) autour duquel gravitent des électrons. Certains atomes radioactifs sont dits fissiles (notamment certains atomes d'uranium et de plutonium) parce que, lorsqu'ils sont bombardés de neutrons, leur noyau a la propriété de se scinder en deux noyaux plus petits. Cette fission nucléaire s'accompagne de l'émission de neutrons et d'un dégagement d'énergie très important. Si le combustible nucléaire est suffisamment enrichi (c'est-à-dire qu'il comporte une proportion suffisante de matériau fissile), il est possible de générer une réaction en chaîne autoalimentée : les neutrons émis par la fission d'un noyau entrent en collision avec d'autres noyaux, entraînant leur fission et donc l'émission d'autres neutrons, qui provoquent à leur tour la fission d'autres noyaux, et ainsi de suite. Dans un réacteur nucléaire, la réaction en chaîne est contrôlée et maintenue à un niveau constant ; dans une bombe atomique, au contraire, la réaction doit s'emballer immédiatement pour entraîner un dégagement d'énergie colossal – elle est d'ailleurs initiée par un explosif conventionnel.

À ce moment, si la guerre en Europe est déjà terminée, les combats continuent dans le Pacifique. À Tokyo, plusieurs membres du gouvernement, menés par le Premier ministre Kantarō Suzuki, sont favorables à une paix négociée, mais ils rejettent la plupart des conditions imposées par les Alliés (abandon des conquêtes, démobilisation de l'armée, démocratisation du pays, procès contre les criminels de guerre). Ces derniers craignent de devoir envahir le Japon, mais ils savent que leur ennemi est très affaibli et pensent qu'un choc pourrait le faire capituler : l'utilisation de la bombe atomique est donc rapidement envisagée. Plusieurs scientifiques s'y opposent pour des raisons morales ; d'autres proposent d'avertir les Japonais des bombardements et de les effectuer dans des zones inhabitées afin d'effrayer Tokyo sans faire de victimes, mais l'on craint que les bombardiers soient mis en danger et que l'impact psychologique soit insuffisant. Or, les Américains n'ont pas droit à l'erreur puisqu'ils ne disposent que de deux bombes et ne pourront en produire d'autres avant plusieurs mois : l'opération doit donc être décisive. Le plan séduit le président Truman, qui veut éviter l'invasion du Japon. Il souhaite également impressionner Joseph Staline (homme d'État soviétique, 1878-1953), qui a déjà étendu sa zone d'influence sur une grande partie de l'Europe orientale et se montre fort ambitieux. Enfin, comme beaucoup de militaires et de scientifiques, il est peut-être curieux de voir les effets de la nouvelle arme.

Depuis plusieurs semaines, une unité spéciale de bombardiers B-29 modifiés s'entraîne au bombardement de précision avec des projectiles simulant des bombes atomiques. Les cibles potentielles – des villes de grande valeur stratégique qui n'ont pas subi de destructions importantes – ont déjà été choisies : Hiroshima, Niigata et Kyoto, bientôt retirée en raison de son importance culturelle et remplacée par Kokura ; Nagasaki fera office de cible alternative si les conditions météorologiques empêchent le bombardement des autres villes. Le 26 juillet, les Alliés appellent encore une fois le Japon à capituler, sans succès. Le 2 août, Truman donne son accord définitif pour l'utilisation de la bombe.

HIROSHIMA, *ENOLA GAY* ET *LITTLE BOY* : LE PREMIER BOMBARDEMENT ATOMIQUE DE L'HISTOIRE

Le 6 août 1945, à 2 h 45, le bombardier B-29 *Enola Gay* piloté par le colonel Paul Tibbets (1915-2007), décolle de l'aérodrome de Tinian, dans les îles Mariannes, en compagnie de deux B-29 d'observation. Dans sa soute se trouve *Little Boy* (« petit garçon »), une imposante bombe à uranium d'une puissance estimée à vingt kilotonnes (l'équivalent de 20 000 tonnes de TNT) : elle sera armée en vol afin de réduire le risque de détonation accidentelle en cas de crash. La cible du bombardier est Hiroshima, une ville portuaire d'environ 300 000 habitants qui abrite des industries d'armement et sert de base logistique aux forces japonaises.

Photo représentant la bombe atomique *Little Boy*.

Le ciel est clair quand *Enola Gay* survole sa cible : à 8 h 15, il largue son chargement, vire sur l'aile et s'éloigne de la zone à plein régime. 43 secondes plus tard, *Little Boy* explose à 580 mètres au-dessus du centre-ville. Un flash lumineux aveuglant emplit brièvement le ciel, tandis que l'énergie thermique libérée par la détonation forme une boule de feu de plus de 400 mètres de diamètre. En dessous, la température monte à plusieurs milliers de degrés : les humains et les bâtiments en bois sont instantanément vaporisés et réduits en cendres. Plus loin, le rayonnement thermique inflige de graves brûlures aux personnes exposées et initie des incendies dans la ville. Quelques secondes plus tard, une onde de choc dévastatrice se répand autour de l'explosion à une vitesse proche de 1 000 km/h, provoquant l'effondrement de nombreux bâtiments. Une grande partie du centre de Hiroshima est déjà en ruines, mais la dévastation continue : après une trentaine de secondes, les multiples incendies déclenchés par la bombe se réunissent pour former une tempête de feu qui ravagera la ville pendant plusieurs heures, piégeant de nombreux survivants. Pendant ce temps, un immense nuage de cendres et de débris s'élève dans le ciel et prend la forme d'un champignon : son sommet atteint une altitude de 18 000 mètres. Plus tard, une pluie noire et épaisse, chargée d'éléments radioactifs, tombera sur la ville.

Photo de l'explosion nucléaire au-dessus de Hiroshima.

À Hiroshima, après l'explosion, le chaos est total. Des dizaines de milliers de personnes sont déjà mortes brûlées par le rayonnement thermique, écrasées par les effondrements, tuées par des débris ou par l'onde de choc, et beaucoup d'autres continuent de mourir dans les incendies. Les services d'ordre sont paralysés, débordés par l'ampleur des incendies et le nombre de victimes. Pris de panique, beaucoup de survivants cherchent à fuir la ville. D'autres tentent de retrouver leurs proches, mais la tâche est presque insurmontable : de nombreuses victimes sont enfouies sous les décombres, tandis que d'autres ont été complètement défigurées par le rayonnement thermique. Un simple vêtement clair suffisait à s'en protéger, mais les parties du corps non couvertes ont été gravement brûlées. À proximité de l'hypocentre, les peaux exposées ont été carbonisées instantanément, provoquant la mort des victimes dans les minutes ou les heures suivantes. Des brûlures très sévères ont été observées jusqu'à 1 500 mètres de distance, et des plus légères jusqu'à huit kilomètres ! Parfois, les brûlures suivent les motifs des vêtements, les parties foncées s'étant échauffées sous l'effet des rayonnements – les autorités japonaises, qui redoutaient l'emploi d'armes nouvelles, avaient d'ailleurs recommandé à la population de porter des vêtements blancs ! À cause du flash de l'explosion, beaucoup de victimes ont la rétine brûlée et souffrent d'une cécité qui sera dans certains cas permanente.

Confrontés à des scènes d'une horreur insoutenable, les survivants sont souvent choqués au point de ne plus pouvoir ressentir la moindre émotion. Dans un hôpital rempli de grands brûlés, un infirmier voit arriver des patients sans visage : « Leurs yeux, leur nez et leur bouche avaient été emportés par le feu, et on aurait dit que leurs oreilles avaient été dissoutes. » (BURGAN (Michael), *Hiroshima: Birth of the Nuclear Age*, New York, Marshall Cavendish Benchmark, 2010, p. 68) Les blessés sont difficiles à transporter, comme le déplore un pompier : « Nous tentions de les porter par leurs bras et leurs jambes, et de les placer sur le camion de pompiers. Mais c'était difficile parce que leur peau se détachait [...]. » (POOLOS (Jamie), *The Atomic Bombing of Hiroshima and Nagasaki*, New York, Chelsea House, 2008, p. 98)

Aux brûlures et autres blessures plus communes, il faut ajouter les blessures invisibles provoquées par les radiations. Plus de 70 % des survivants présenteront des symptômes plus ou moins graves du syndrome d'irradiation aiguë, qualifié à l'époque de peste atomique – les effets radiologiques d'une explosion nucléaire sont encore largement méconnus, et les victimes ne bénéficieront d'ailleurs pas de soins adaptés. Même chez les personnes les plus sévèrement irradiées, les premiers symptômes n'apparaissent qu'après 24 heures : elles ressentent alors un malaise général, puis souffrent d'hémorragies spontanées et de nécroses de la peau, perdent leurs cheveux. La mort ne survient généralement qu'après une semaine. Les radiations causeront la mort de l'ensemble des personnes situées dans un rayon de 800 mètres autour de l'explosion ; la plupart des personnes exposées jusqu'à une distance de trois kilomètres mourront ou présenteront des troubles graves, et beaucoup de femmes enceintes souffriront de fausses couches ou donneront naissance à des enfants atteints de malformations. Ce type de symptômes est visible jusqu'à cinq kilomètres du centre l'explosion !

On estime que plus de 70 000 personnes ont été tuées immédiatement par l'explosion, mais le nombre total de victimes, incluant les personnes décédées dans les semaines suivant le bombardement, s'élèverait à près de 120 000 morts et 80 000 blessés. Beaucoup de survivants, irradiés, connaîtront de graves problèmes de santé dans les décennies suivantes.

Hiroshima est dévastée : 75 % de ses bâtiments ont été détruits, et la ville a été nivelée dans un rayon de quatre kilomètre. Dans ce désert de ruines ne s'élèvent plus que des bâtiments en béton armé, souvent conçus suivant des normes antisismiques, qui tiennent debout malgré des dommages importants. L'explosion a ramené Hiroshima à un état primitif. En raison de la désorganisation des services publics, le déblaiement des ruines et la crémation des corps ne débutent qu'après plusieurs semaines. Certains survivants se réfugient alors dans les villages alentour, où les vivres manquent bientôt ; d'autres vivent dans des maisons endommagées ou dans des abris construits rapidement. Ils côtoient les ombres des disparus, imprimées sur certains murs par le puissant rayonnement thermique : ce sont les dernières traces laissées par ceux que l'explosion a désintégrés.

Vue aérienne prise au-dessus de Hiroshima après l'explosion de la bombe.

Comme l'Allemagne, le Japon est durement touché par les bombardements américains. La première attaque est menée le 18 avril 1942 par seize bombardiers moyens lancés sur Tokyo depuis un porte-avions, mais son effet est essentiellement psychologique, les dégâts matériels étant négligeables. À partir de 1944, la conquête d'îles proches du Japon permet de mener des raids de grande ampleur sur les centres politiques, économiques et militaires que sont notamment Tokyo, Kobe, Osaka et Nagoya. Les Américains emploient l'imposant bombardier quadri-moteur *Boeing B-29 Superfortress*, le bombardier le plus évolué de sa génération. Premier avion de combat à fuselage pressurisé, il est défendu par des tourelles à mitrailleuses (dont certaines sont télécommandées), possède une autonomie de 6 000 kilomètres et peut voler à 10 000 mètres d'altitude en emportant 10 tonnes de bombes. Les formations de B-29 effectuent des bombardements à basse altitude, de nuit, avec des bombes incendiaires qui dévastent les villes visées, où l'on trouve une majorité de constructions en bois. La défense aérienne et antiaérienne japonaise est impuissante. L'attaque la plus destructrice a lieu dans la nuit du 9 au 10 mars 1945 : cette nuit-là, 279 bombardiers larguent des bombes au phosphore sur Tokyo, qui est ravagé par une tempête de feu. Un quart de la ville est incendié et les pertes parmi la population s'élèvent à plus de 100 000 morts.

DE KOKURA À NAGASAKI : LE SECOND BOMBARDEMENT ATOMIQUE

Après Hiroshima, les Alliés envoient un nouvel avertissement au gouvernement japonais, mais les militaires refusent toujours de capituler : ils considèrent qu'il est impossible que les Américains disposent d'une autre bombe. Le second bombardement atomique de l'histoire est exécuté le 9 août. Le B-29 *Bockscar*, qui emporte une bombe à plutonium nommée *Fat Man* (« gros gars »), se rend d'abord à Kokura, où la couverture nuageuse interdit tout bombardement à vue. Il file alors vers sa cible alternative, Nagasaki, une ville de 195 000 habitants qui abrite un grand port et des industries d'armement. La visibilité n'y est d'abord guère meilleure, mais les nuages se dissipent au dernier moment. Larguée à 10 h 58, la bombe explose à 470 mètres d'altitude. L'explosion, d'une puissance de 22 kilotonnes, a les mêmes effets qu'à Hiroshima, mais les dommages sont nettement moins étendus. Les montagnes qui entourent la ville canalisent le souffle et la chaleur, qui sont confinés dans le centre et épargnent donc une grande partie des quartiers résidentiels et commerciaux, abrités dans des vallées. Le centre-ville n'en est pas moins détruit par l'explosion et les incendies. On déplore entre 38 000 et 80 000 morts, et plusieurs dizaines de milliers de blessés.

Photo de l'explosion nucléaire au-dessus de Nagasaki.

RÉPERCUSSIONS

LA CAPITULATION DU JAPON ET LA FIN DE LA SECONDE GUERRE MONDIALE

À première vue, les champs de ruines de Hiroshima et de Nagasaki ressemblent beaucoup à certains quartiers des villes victimes de bombardements incendiaires, mais la puissance destructrice de l'atome a un impact psychologique incomparable. Ici, deux bombardiers transportant deux bombes ont provoqué plus de destructions que plusieurs attaques de dizaines d'avions. Or, les Japonais craignent à présent que leur ennemi dispose d'autres bombes. En outre, depuis le 8 août, ils sont en guerre avec l'Union soviétique, qui avance rapidement en Mandchourie. La situation est intenable. Dans la nuit du 9 au 10, l'empereur Hirohito sort de son silence et annonce au gouvernement son intention de se soumettre à l'ultimatum ennemi. L'accord japonais est bientôt transmis aux Alliés, assorti d'une unique condition : le système impérial doit être préservé. Des officiers jusqu'au-boutistes tentent un coup d'État, mais celui-ci échoue. Le 15, l'empereur annonce la capitulation à la population dans un message diffusé à la radio, justifiant sa décision par sa volonté de préserver la nation. Les Japonais, qui entendent la voix de leur souverain pour la première fois, s'inclinent et pleurent en silence. Les premières forces américaines d'occupation arrivent au Japon à la fin du mois : elles envoient rapidement des équipes d'experts à Hiroshima et Nagasaki pour y observer les effets des explosions. Le 2 septembre, l'acte de reddition est signé par les représentants des pays alliés et du gouvernement japonais : la Seconde Guerre mondiale est terminée.

Après avoir capitulé, le Japon est occupé, démocratisé et démilitarisé, tandis que ses criminels de guerre sont traduits devant un tribunal international. Malgré les pertes et les destructions subies

– 2 150 000 Japonais sont morts pendant la guerre –, le pays se reconstruit et renouera bientôt avec la prospérité. Même Hiroshima et Nagasaki se rétabliront, à tel point qu'il semble aujourd'hui difficile de croire que ces deux villes modernes ont connu de telles catastrophes. Mais plus de 200 000 *hibakusha* (« survivants », « irradiés ») continuent de souffrir des effets des explosions et du mépris de la population, qui craint de se mêler à eux et d'engendrer des enfants anormaux. Le Japon entier a été traumatisé par les bombardements, et cela se ressent dans les nombreuses œuvres de fiction qui présentent, de manière plus ou moins fantasmée, les dangers de la technologie nucléaire, qu'il s'agisse de *Ken le survivant*, d'*Akira*, de *Gen d'Hiroshima* ou même des *Kaijū*, ces « monstres étranges » que sont Godzilla, Gamera et Mothra, entre autres. Récemment, en 2011, l'accident de la centrale de Fukushima est venu raviver une peur du nucléaire vieille de 70 ans.

LE DÉBUT DE L'ÂGE NUCLÉAIRE

Après les explosions, beaucoup de scientifiques ayant participé au projet Manhattan ont regretté d'avoir contribué à créer une arme aussi destructrice et commencent à militer pour l'établissement d'un contrôle international. Mais la puissance de l'atome fascine le monde entier et entraîne bientôt les deux premières puissances du globe – les États-Unis et l'Union soviétique – dans une compétition technologique coûteuse visant à obtenir des armes toujours plus dévastatrices. Le spectre de la guerre nucléaire devient rapidement indissociable de la guerre froide qui vient tout juste de commencer. De chaque côté du rideau de fer, on développe bientôt des bombes à hydrogène (bombes H), qui emploient la fusion nucléaire et sont mille fois plus puissantes que les bombes à fission de la génération de *Little Boy* et *Fat Man*. On fabrique également des missiles et des bombardiers intercontinentaux de plus en plus sophistiqués pour pouvoir envoyer des têtes nucléaires de l'autre côté de la planète.

Beaucoup d'efforts sont consacrés au renforcement d'arsenaux qu'on espère ne jamais avoir à utiliser. L'âge atomique voit en effet la mise en place de l'équilibre de la terreur, un concept qui repose sur la doctrine de la destruction mutuelle assurée : chacun des deux ennemis dispose d'une force de frappe tellement développée qu'elle ne peut être détruite en une seule attaque, ce qui signifie que, en cas de déclenchement d'une guerre nucléaire, le pays attaqué conservera suffisamment de capacité offensive pour riposter et infliger de terribles destructions au pays attaquant, même s'il est pris par surprise. Une chose est claire : la guerre nucléaire ne fera aucun gagnant. Ceci confère un important pouvoir dissuasif à la bombe. Ainsi, pendant la guerre froide, les États-Unis, l'Union soviétique et leurs alliés respectifs ne s'affrontent directement dans aucune action militaire, même s'ils s'impliquent plus ou moins activement dans plusieurs conflits périphériques – notamment les guerres de Corée (1950-1953), du Viêt Nam (1961-1975) et d'Afghanistan (1979-1989) – afin d'endiguer ou de soutenir la progression du communisme, selon leur camp. Le conflit larvé entre les blocs de l'Ouest de l'Est n'en provoque pas moins plusieurs crises graves – la plus dramatique étant la crise des missiles de Cuba (1962) – qui font craindre le déclenchement d'une apocalypse nucléaire.

La guerre froide s'est achevée sans que l'affrontement tant redouté ait eu lieu, et les villes de Hiroshima et Nagasaki demeurent les seules victimes de bombardements atomiques de l'histoire. Mais, même s'il est évident que la bombe a un important pouvoir dissuasif et stabilisateur, peut-on complètement écarter la possibilité qu'un affrontement conventionnel survienne un jour entre deux puissances atomiques et qu'il dégénère en une guerre nucléaire ? La bombe est détenue aujourd'hui par neuf États, qui forment une communauté atomique au sein de laquelle les motifs de conflit ne manquent pas, qu'il s'agisse de la vieille hostilité entre l'Inde et le Pakistan, de l'attitude agressive et relativement imprévisible de la Corée du

Nord, ou de la nouvelle rivalité qui semble se développer entre la Russie et les membres de l'OTAN. Ainsi, le spectre des catastrophes de Hiroshima et de Nagasaki continuera longtemps d'obscurcir le présent et l'avenir du monde. Les *hibakusha*, quant à eux, représenteront un témoignage bien vivant de l'horreur de la guerre nucléaire pendant encore plusieurs années.

- En 1931, le Japon se lance dans une politique expansionniste agressive. Dix ans plus tard, il entre en guerre contre les États-Unis et les puissances alliées, occupant leurs colonies et leurs protectorats en Asie et en Océanie.

- En 1942, les Américains infligent un coup d'arrêt à l'expansion japonaise et parviennent à prendre le dessus. Pendant la guerre du Pacifique (1941-1945), ils conquièrent une à une les îles occupées par les Japonais et se rapprochent progressivement du Japon. Les combats sur terre et sur mer sont terribles, et les Alliés craignent que l'invasion finale se solde par un bain de sang.

- En juillet 1945, au terme de quatre années de recherches aux dimensions exceptionnelles (le projet Manhattan), les Américains testent leur première bombe atomique avec succès. Le Japon refusant toujours de se rendre, ils décident d'utiliser les deux autres bombes existantes pour le forcer à capituler.

- Le 6 août 1945, une première bombe atomique explose à Hiroshima. Une immense boule de feu vaporise une partie du centre-ville, tandis que le rayonnement thermique inflige de graves brûlures aux habitants et provoque de multiples incendies. Une onde de choc dévastatrice traverse ensuite la ville, provoquant l'effondrement de nombreux bâtiments. Après la détonation, une tempête de feu achève de ravager Hiroshima. La ville est nivelée dans un rayon de quatre kilomètres.

- À Hiroshima, les survivants sont confrontés à des scènes d'une horreur insoutenable. Une partie de la population prend la fuite tandis que de nombreuses personnes continuent de périr dans les incendies ; les services d'ordre sont débordés. Dans les rues, on trouve beaucoup de victimes atrocement brûlées. Plus tard, de nombreux survivants souffriront et mourront à cause des radiations absorbées au moment de l'explosion. Plusieurs semaines après le bombardement, le nombre total de victimes s'élève à près de 120 000 morts et 80 000 blessés.

- Le 9 août 1945, la seconde bombe atomique n'est pas larguée sur la cible prévue, Kokura, dont le ciel est obscurci par d'épais nuages, mais sur Nagasaki. Les effets de l'explosion sont canalisés par les montagnes qui entourent la ville, et les destructions sont donc moins importantes qu'à Hiroshima. On déplore tout de même entre 38 000 et 80 000 morts.

- Le Japon capitule peu après les explosions, mettant un terme à la Seconde Guerre mondiale. Occupé par les forces alliées, le pays est démocratisé, démilitarisé, et ses criminels de guerre traduits en justice. Malgré les destructions subies, le Japon se reconstruit rapidement et connaît bientôt un développement économique important. Le traumatisme des explosions atomiques demeure toutefois très présent.

- Les bombardements atomiques contribuent au déclenchement de la guerre froide qui voit les États-Unis et l'Union soviétique développer des arsenaux nucléaires démesurés. La puissance de ces armes donne naissance à l'équilibre de la terreur : en cas de guerre, chacun des belligérants est assuré de subir des destructions intolérables. Les deux blocs opposés s'abstiennent donc de s'affronter directement, mais le risque de déclenchement d'une guerre nucléaire demeure présent malgré tout.

POUR ALLER PLUS LOIN

SOURCES BIBLIOGRAPHIQUES

- BEEVOR (Antony), *La Seconde Guerre mondiale*, Paris, Calmann-Lévy, 2012.
- BURGAN (Michael), *Hiroshima: Birth of the Nuclear Age*, New York, Marshall Cavendish Benchmark, 2010.
- CHUN (Clayton K.S.) et WHITE (John), *Japan 1945. From Operation Downfall to Hiroshima and Nagasaki*, Oxford, Osprey Publishing, 2008.
- DELGADO (James P.), *Nuclear Dawn: the Atomic Bomb from the Manhattan Project to the Cold War*, Oxford, Osprey Publishing, 2009.
- LIDDELL HART (Basil H.), *Histoire de la Seconde Guerre mondiale*, Paris, Librairie Arthème Fayard/Marabout université, 1973.
- LINDEE (Susan), *Suffering Made Real. American Science and the Survivors at Hiroshima*, Chicago, The University of Chicago Press, 1994.
- MARGOLIN (Jean-Louis), *Violences et crimes du Japon en guerre. 1937-1945*, Paris, Hachette, 2007.
- MARSTON (Daniel), *The Pacific War Companion. From Pearl Harbor to Hiroshima*, Oxford, Osprey Publishing, 2005.
- POOLOS (Jamie), *The Atomic Bombings of Hiroshima and Nagasaki*, New York, Chelsea house, 2008.
- VALLAUD (Pierre), *La Seconde Guerre mondiale*, Paris, Acropole, 2002.

SOURCES COMPLÉMENTAIRES

- AYACHE (Georges) et DEMANT (Alain), *Armements et désarmement depuis 1945*, Paris, Complexe, 1991.

- Costello (John), *La guerre du Pacifique. Des origines à Hiroshima*, Paris, Pygmalion, 2010.
- Grayling (Anthony), *Among the Dead Cities. The History and Moral Legacy of the WWII Bombing of Civilians in Germany and Japan*, New York, Walker & Company, 2006.
- Hersey (John), *Hiroshima. Lundi 6 août 1945, 8 h 15*, Paris, Tallandier, 2011.
- « Recueil de témoignages de survivants de la bombe atomique de Hiroshima », in *Mémorial national de la paix de Hiroshima dédié aux victimes de la bombe atomique*, consulté le 15 février 2015. http://www.hiro-tsuitokinenkan.go.jp/linkfiles/french.pdf
- Rhodes (Richard), *The Making of the Atomic Bomb*, New York, Simon & Schuster, 2012.
- Soutou (Georges-Henri), *La guerre froide, 1943-1990*, Paris, Fayard, 2011.
- Willmott (Hedley Paul), *La guerre du Pacifique, 1941-1945*, Paris, Autrement, 2001.

SOURCES ICONOGRAPHIQUES

- Photo représentant la bombe atomique *Little Boy*. La photo reproduite est réputée libre de droits.
- Photo de l'explosion nucléaire au-dessus de Hiroshima. La photo reproduite est réputée libre de droits.
- Vue aérienne prise au-dessus de Hiroshima après l'explosion de la bombe. La photo reproduite est réputée libre de droits.
- Photo de l'explosion nucléaire au-dessus de Nagasaki. La photo reproduite est réputée libre de droits.

FILMS ET DOCUMENTAIRES

- *Hiroshima*, film de Hideo Sekigawa, avec Takashi Kanda et Masao Mishima, Japon, 1953.

- *The Day After Trinity: J. Robert Oppenheimer and the Atomic Bomb*, documentaire de John H. Else, États-Unis, 1981.
- *Les Enfants de Nagasaki*, film de Keisuke Kinoshita, avec Gō Katō et Yukiyo Toake, Japon, 1983.
- *Hiroshima : avant et après* (*Day one*), téléfilm de Joseph Sargent, avec Brian Dennehy et David Strathairn, États-Unis, 1989.
- *Les Maîtres de l'ombre*, film de Roland Joffé, avec Paul Newman et Dwight Schultz, États-Unis, 1989.
- *Pluie noire*, film de Shōhei Imamura, avec Yoshiko Tanaka et Kazuo Kitamura, Japon, 1989.
- *Hiroshima*, documentaire-fiction de Koreyoshi Kurahara et Roger Spottiswoode, Japon et Canada, 1995.
- *Hiroshima*, documentaire-fiction de Paul Wilmshurst, Royaume-Uni, 2004.
- *Hiroshima, mémoires meurtries*, documentaire de Shinsuke Sakamoto, Yuko Fukuyama et Kota Matsushima, Japon, 2005.
- *Blessures atomiques*, documentaire de Marc Petitjean, France, 2006.
- *Quand le monde bascule*, épisode 2 « Hiroshima et Nagasaki », documentaire de Damien Fantauzzo, France, 2008.

MUSÉES ET BÂTIMENTS COMMÉMORATIFS

- Bradbury Science museum, situé à Los Alamos (États-Unis). Il présente, notamment, l'histoire du projet Manhattan et des armes nucléaires en général.
- Mémorial de Caen – Cité de l'histoire pour la paix, musée et centre de documentation à Caen (France). On y trouve des expositions consacrées aux bombardements atomiques, aux armes nucléaires et à la guerre froide.
- Mémorial de la paix de Hiroshima, également appelé Dôme de Genbaku ou Dôme de la bombe, à Hiroshima. Il s'agit d'un palais d'exposition situé à environ 150 mètres de l'hypocentre de

l'explosion. Fortement endommagé par celle-ci, il a été maintenu en l'état pour commémorer le bombardement de la ville.

- Mémorial national de la paix de Hiroshima dédié aux victimes de la bombe atomique à Hiroshima.
- Mémorial national pour la paix et les victimes de la bombe de Nagasaki.
- Musée de la bombe atomique de Nagasaki, musée à Nagasaki.
- Musée du Mémorial de la paix de Hiroshima, consacré à l'histoire du bombardement atomique de la ville, situé à Hiroshima.

www.50minutes.com

Éditeur responsable : Lemaitre Publishing
Rue Lemaitre 6 | BE-5000 Namur
info@lemaitre-editions.com

ISBN ebook : 978-2-8062-5934-9
ISBN papier : 978-2-8062-5935-6
Dépôt légal : D/2015/12603/160
Photo de couverture : © Photo prise depuis l'*Enola Gay*.
La reproduction est réputée libre de droits.

Conception numérique : Primento,
le partenaire numérique des éditeurs